L'ENFER

DU

BIBLIOPHILE

DU MÊME AUTEUR:

Factums d'Antoine Furetière, de l'Académie française, contre quelques-uns de cette Académie, réimprimés pour la première fois avec une Introduction et des notes, 2 vol. in-16.

La Double vie, nouvelle. 1 vol. grand in-18, vignettes.

L'ENFER

DU

BIBLIOPHILE

VU ET DÉCRIT

PAR

CHARLES ASSELINEAU

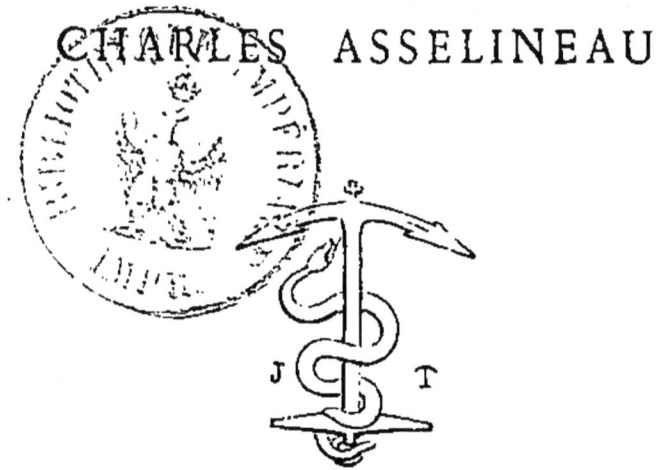

PARIS

JULES TARDIEU, ÉDITEUR

Rue de Tournon, proche du Luxembourg

—

M DCCC LX

L'ENFER

DU BIBLIOPHILE

I

LE CAS DE CONSCIENCE

... Oui... l'Enfer ! N'est-ce pas toujours là qu'il faut en venir, tôt ou tard, dans cette vie ou dans l'autre, ô vous tous qui avez placé vos joies dans des voluptés inconnues au vulgaire ?

L'amoureux a l'indifférence; le joueur, la pauvreté; l'ambitieux, l'impuissance; l'artiste, l'obscurité et l'envie; le paresseux, la famine; l'avare, la ruine, et le gourmand, l'indigestion.

Mais pourrait-il y avoir un enfer pour une innocente manie, qui se repaît d'elle-même et qui tourne à l'honneur des lettres et de la patrie, en faisant subsister quatre ou cinq industries? Je ne l'aurais pas cru.

Il y en a un pourtant. Je le sais aujourd'hui, car j'en reviens :

« Je suis, je suis celui qui reviens de l'Enfer

du bibliophile. » Me demanderez-vous pour quel péché l'on y souffre? Je vous répondrai : Faisons de bonne foi notre examen de conscience; et dites-moi s'il est une seule manie, même la plus innocente, qui ne les contienne tous : cupidité, luxure, orgueil, avarice, oubli du devoir et mépris du prochain? Aussi voyez-les tous, ces picoreurs de fruits défendus, interrogez leur œil au moment de la jouissance, et dites-moi s'il n'y a pas dans leur regard quelque chose de la passion du joueur et de la férocité du libertin! Observez seulement le mouvement de joie sauvage ou enfantine par lequel ils serrent dans leur poche ou sous leur bras l'objet longtemps convoité, et puis calculez l'effet d'une telle passion doublée, ne fût-ce que pendant un jour, de la puissance d'un Néron!

Je ne parle pas, bien entendu, de l'amateur indolent et riche qui ne chasse que par procuration et s'en remet, pour ses acquisitions aux soins d'un bouquineur émérite auquel il donne carte blanche, et qui le méprise; oui, qui le méprise, comme le garde-chasse et le braconnier mépriseront toujours le maître lâche et maladroit qui triomphe par leur adresse.

Ces beaux chasseurs de circonstance,

Savez-vous à quoi cela sert?

Quand ils fêtent leur Saint-Hubert,

C'est moi qui fournis la pitance!

Ainsi parle le braconnier dans la chanson de Pierre Dupont; ainsi pense, soyez-en sûrs, tout connaisseur qui fait lever le gibier littéraire pour le festin des traitants et des banquiers.

II

LE PÉCHÉ

Je parle ici de l'amateur — chasseur, et chasseur actif, qui ne s'en rapporte qu'à lui-même et pour qui le libraire expert est un ennemi naturel dont il se défie.

Celui-ci, voyez-le au matin de chaque vacation d'une vente, retourner, ouvrir, feuilleter avec une curiosité fébrile chacun des volumes exposés. Rien ne lui échappe, ni une tache, ni une mouillure, pas même une simple piqûre, pas même un raccord dans le titre ou une rognure d'un demi-millimètre. Le libraire chargé de la vente le regarde avec mauvaise humeur; car il sait que de lui il n'y a pas de commission à attendre. Voilà le véritable amateur : tel vous le retrouverez le soir, à la vente, enveloppé dans son manteau, le collet relevé sur sa moustache, le chapeau rabattu sur son nez, caché dans un coin, et se dissimulant de son mieux pour ne pas éveiller l'attention de ses ennemis les libraires, car il sait qu'ils sont capables, par esprit de corps, de se coaliser pour lui enlever un volume.

Le moment venu, il se faufile en se courbant derrière ses voisins et se glisse jusqu'à l'oreille du crieur, auquel il souffle son enchère. On en a vu d'assez subtils pour se faire accompagner d'un ami inconnu qu'ils placent à quelques pas d'eux, dans les rangs des acheteurs, et auxquels, le dos tourné au bureau, ils transmettent par signes convenus leurs volontés.

Mais aussi, quel triomphe pour l'amateur quand le volume poursuivi lui est adjugé! avec quel orgueil il se redresse et rejette son manteau, en lançant un regard ironique au vendeur! — *On va payer!* — L'amateur véritable paie toujours comptant, pour n'avoir obligation à personne. Son compte fait et réglé, il met son emplette dans sa poche, et s'en va fièrement sans même porter la main à son chapeau.

— Ah! le gaillard! c'était pour lui! se dit le libraire qui le regarde partir avec envie. Jalousie légitime! car pour lui l'amateur est pire qu'un ennemi, c'est un rival. Il connaît à fond la valeur des livres. Il a fait une longue étude des catalogues *avec prix,* dont il a chez lui toute une collection. Il sait à n'en point douter d'où provient tout exemplaire mis sur table, et à quels prix il a été successivement coté depuis soixante ans. C'est son plaisir de dévoiler toutes les petites ruses du catalogue. Tel volume est marqué comme provenant du cabinet du comte d'Hoym. — « *C'est une erreur!* L'exemplaire du comte d'Hoym a été acheté par *un tel* et revendu après sa mort en 18..; il appartient aujourd'hui à M. *un tel;* celui-ci provient de la vente Aimé Martin, et il est de condition bien inférieure. »

Du reste, cette inimitié de l'amateur et du libraire ne dure pas au delà du champ clos de la vente publique. Dans sa boutique, le libraire est pour l'amateur plein de déférence et d'attention. Il le fait causer pour obtenir de lui des renseignements. On a vu des libraires assez consciencieux pour refuser le prix d'un livre, suffisamment payé, disaient-ils, par les indications recueillies pendant une heure d'entretien.

III

LA DAMNATION

Enfin voyez-le sur les quais, notre amateur. — Il sait et répète avec tout le monde depuis vingt ans qu'on ne trouve rien sur les quais. Mais il peut se faire qu'en dix ans une seule occasion se présente. Et cette occasion-là, il ne veut pas que d'autres que lui en profitent. Il a pour lui les autorités : Nodier et Parison, par exemple, qui trouvèrent sur les quais l'un le *Marot* d'Étienne Dolet, l'autre le *César* de Montaigne, payé à sa vente *quinze cent cinquante francs,* et qui lui avait coûté dix-huit sous![1]

En général, l'amateur des quais est celui dont les manies sont les plus curieuses et les plus folâtres. Le client des ventes publiques et des libraires recherche et paie fort cher des livres parfaitement accrédités et cotés, de bonnes éditions des classiques, les Barbou, les Elzévirs, etc., etc. Le client des quais s'est buté à une spécialité encore inconnue et qui fera fureur plus tard.

---

[1] Nous aurions pu citer des témoins plus récents, par exemple M. de Fontaine de Resbecq, qui trouva, il y a quatre ou cinq ans, sur les quais, et paya *six sous*, un charmant exemplaire du *Pastissier françois,* Elzevir 1655, qui atteint quelquefois jusqu'à cinq cents francs dans les ventes. (Voy. l'intéressant petit ouvrage intitulé *Voyages littéraires sur les quais de Paris,* Durand 1857, in-18.)

Là se collectionnent les journaux, les revues, les brochures, les mémoires, les bribes négligées et qui, au bout d'un certain temps, deviennent introuvables. Essayez de chercher telle gazette d'il y a seulement vingt ans ! La Bibliothèque Impériale ne l'a pas ou ne l'a qu'incomplète. Si vous persistez dans vos recherches, un libraire vous dira quelque jour qu'il n'en existe qu'un exemplaire complet chez M. un tel, qui l'a acheté numéro par numéro sur les quais pendant dix ans.

Aussi l'amateur des quais est-il nécessairement un littérateur qui connaît son avenir. Riez tant que vous voudrez, en lui voyant acheter des babioles dont vous ne voudriez pas pour rien, il se console en disant en lui-même : — dans dix ans, dans vingt ans, tu viendras me les demander à genoux ; tu ne les auras pas !

C'est sur les quais que se forment les collections

2.

impossibles, que se ramassent les riens qui vaudront de l'or. Aussi, s'il ne faut à l'amateur ordinaire que de l'argent et du goût (et encore chez plus d'un d'entre eux le premier supplée le second), il faut à l'amateur des quais, généralement pauvre et sans crédit, outre une patience de fourmi, le génie d'un inventeur.

Venez donc sur les quais. Vous n'y rencontrerez ni M. de Rothschild, ni M. Solar, mais vous y verrez par bonne fortune Ph. B., qui, par amour de l'antithèse, encadre son visage de trente ans d'une chevelure de platine, collectionnant avec fureur les numéros épars des revues anglaises et américaines; L..., le poëte tragique, trottant comme un éléphant armé en guerre, les bras chargés de curiosités inconcevables; C..., le peintre philosophe dont le cœur tressaille à la découverte d'un Enchiridion d'Epictète; A..., l'adorateur du romantisme qui ramasse jusqu'aux débris des vers de Pétrus Borel et des vignettes de C. Nanteuil.

Que de passions ! que de folies ! hélas ! que je croyais innocentes. — Écoutez donc comment mon péché me fut révélé.

IV

AGONIE

J'étais rentré ce soir-là chez moi on ne peut plus mal disposé. Imaginez telles que vous voudrez des tribulations qui peuvent atteindre et blesser un homme de mon humeur et de ma profession. Un imprimeur avait tiré sans mon avis une feuille pleine de fautes; le journal du soir m'avait montré mon dernier livre traîtreusement loué par un ami ironique ; ou tout autre malheur aussi grave.

Les éléments conspiraient ce soir-là contre moi avec les hommes. Une tempête de vent et de pluie faisait ruisseler mes vêtements. Je m'en revenais barbotant et marmottant, navré, énervé, dégouttant et dégoûté, une main sur mon chapeau pour l'empêcher de s'envoler, l'autre serrant mon pardessus sur ma poitrine. Jamais les douze coups de minuit ne sonnèrent d'une voix plus sinistre à l'horloge du palais des Quatre-Nations.

Rentré chez moi, je me dis, en mettant la tête sur l'oreiller : — Eh bien, je bouquinerai demain ! et je m'endormis sur cette pensée consolatrice, qui me faisait entrevoir les quais éclairés d'une lumière douce et gaie, et les parapets émaillés de volumes de toutes couleurs.

L'ouragan grondait toujours ; l'averse fouettait de plus belle ; mais, à cette heure, étendu chaudement entre mes draps et avec une telle perspective pour mon réveil, je pouvais en toute sûreté répéter les vers de Lucrèce.

Fût-ce un rêve? je voudrais le croire; mais comment le pourrais-je? J'ai fait du rêve et de ses manifestations l'étude de toute ma vie, et je sais à n'en pouvoir douter que le rêve n'est ni une allégorie, ni une fantasmagorie, mais un langage par correspondance signifiant les idées par leurs analogies naturelles et les faits matériels par leurs contraires. Si donc Dieu m'eût voulu punir de ma sensualité littéraire, de ma *libricité*, peut-être m'eût-il effrayé par l'image de l'enfer des voluptueux qui, suivant Swedenborg, sont plongés, les uns jusqu'à la ceinture, les autres jusqu'au menton, dans un lac fétide. Peut-être, s'il m'eût voulu convaincre de la vanité de mes plaisirs, m'eût-il représenté à moi-même comme on voit les Allemands, au fameux chapitre[1] *des Allemands dans le monde spirituel*, portant sous leur bras des livres, et répondant à quiconque les interroge sur leur foi, leurs idées, leurs conceptions philosophiques en feuilletant un volume pour les y trouver. Ils expient ainsi leur dévotion immodérée pour la chose imprimée. — Mais Dieu, à coup sûr, ne m'eût point soumis au supplice sans moralité et sans conclusion que j'endurai pendant plusieurs heures; et surtout, il ne m'eût pas envoyé l'étrange vieillard que j'aperçus tout à coup debout dans un coin de ma chambre, et furetant avec des précautions de connaisseur dans les rayons de ma bibliothèque.

[1] Swedenborg, la *Nouvelle Théologie*.

V

LE VENGEUR CÉLESTE

C'était un homme grand et sec, au visage anguleux et froid, — œil sournois, lèvres minces, — vêtu d'une redingote à collet d'un vert grisâtre, et coiffé d'un chapeau de forme élevée dont le bord, entièrement incliné vers le nez, attestait ou une politesse extrême, ou une habituelle dissimulation. De son long doigt, courbé en crochet, il attirait à lui chaque volume qu'il voulait voir; il l'ouvrait, le retournait, et avec un sourire et de petites exclamations de dédain, le remettait en place.

D'un bond je fus auprès de lui; je l'avais pris pour un voleur. Sous son regard, ma surprise et ma colère s'apaisèrent par enchantement; j'aurais presque juré qu'il m'était connu. Où l'avais-je déjà vu? quand? était-ce la veille? était-ce il y a vingt ans? je ne savais.

— Je vous ai vu quelque part? lui dis-je.

— Parbleu! partout, me répondit-il en haussant les épaules.

Il continuait son examen, toujours avec le même sourire, avec les mêmes *hum! hum!* poussés d'un ton blasé qui me déconcertait. J'avais machinalement commencé à m'habiller. Le jour gris et bas pouvait indiquer sept heures du matin, ou cinq heures du soir (nous étions dans l'équinoxe). D'où m'était venu le désir de m'aller promener avec cet étrange hôte? je ne saurais, je n'aurais pu le dire. Cette résolution m'était-elle soufflée, inspirée par lui? Je serais tenté de le croire; car à peine eus-je pris mon chapeau, qu'il tourna sur ses talons en sifflottant et prit de lui-même le chemin de la porte. Je le suivis.

Sans dire un mot, mais nous entendant parfaitement, nous descendîmes vers le quai.

VI

DESCENSUS AVERNI

Les bouquinistes étaient à leurs postes; je les reconnus tous : les frères Gougy, avec leur tournure martiale sous la blouse; Barbedor, la fleur des landes bretonnes; Laisné avec son air paterne; Malorey, dont j'ai vu grisonner les cheveux jadis d'un si beau roux ; Olry *(subridens)* le centenaire, affaissé sur sa chaise, etc.

Les premières boîtes que nous visitâmes ne contenaient rien que d'insignifiant : c'était des collections dépareillées de divers recueils, quelques exemplaires des classiques anglais de Baudry et de la librairie à un franc. J'allais passer outre, quand je me sentis arrêté par le bras de mon compagnon.

— Achète cela ! me dit-il en allongeant son doigt au milieu d'une case.

C'étaient les dix volumes de Paillot de Montabert sur *la peinture*. Je fis un haut le corps en me tournant vers mon acolyte.

— *Achète cela !* répéta-t-il d'un ton bref en me regardant entre les deux yeux.

Je ne sais comment j'eus en ce moment la révélation d'un pouvoir absolu, cruel, épouvantable. Je baissai la tête ; mes genoux fléchirent... et je payai.

Pourvu, disais-je en m'en allant courbé sous le

faix, que je ne rencontre aucun de mes amis les bibliophiles ! Comment échapper au ridicule et justifier une acquisition aussi insensée ?

Mais le traître ne me laissa pas longtemps à mes méditations. Deux pas plus loin, nous étions arrêtés devant une autre case où, parmi bon nombre d'inutilités, se trouvaient du moins quelques bons livres, certains recueils de pièces, par exemple, d'une condition médiocre, mais qui n'étaient point déshonorants. J'avais même avisé déjà un exemplaire des *Poésies chrétiennes* de Godeau, quelque peu avarié et brûlé du soleil, à la vérité, mais qui conservait néanmoins quelque attrait de sa bonne typographie et de son frontispice gravé avec goût.

— Voyez, dis-je à mon farouche compagnon en prenant le ton câlin d'un esclave qui veut fléchir le maître ; voyez combien l'art récompense les moindres efforts vers le bien. Ce volume n'est point merveilleux sans doute ; mais sa justification est bien entendue ; et c'est un artiste certainement qui a dessiné et composé ce frontispice : n'y a-t-il pas un grand respect de la poésie dans ces soins donnés à l'œuvre d'un poëte, après tout bien inférieur ?

Mais au lieu du signe d'approbation que j'attendais, ou tout au moins du sourire, je ne reçus qu'un ordre bref et impératif.

— Achète cela ! me dit le démon en posant le doigt sur l'*Histoire de la Restauration,* par Capefigue.

Je frémis.

— Eh quoi ! m'écriai-je éploré, acheter cela ; et pourquoi ? Et qu'en ferai-je, grand Dieu !

— Achète, répondit le démon ; et ceci encore.

— Quoi ! les *OEuvres mêlées* d'Aignan, de l'Académie française ?

— Achète ! et celui-là aussi...

— Oh ciel ! les *Études littéraires* de Léon Thiessé !

— Achète ; et ne raisonne pas.

Et les douze volumes de Capefigue, d'Aignan et de Léon Thiessé, s'ajoutant au dix de Paillot de Montabert, arrondirent mes deux bras dans la proportion d'environ cinq cents feuilles imprimées.

VII

PREMIER CERCLE

Je me sentais subjugué ; mais, en vrai Français, je discutais avec moi-même la tyrannie que je subissais. Évidemment, pensais-je en me souvenant d'un vers de Charles Baudelaire : « ce jeu féroce et ridicule » doit avoir une fin. Peut-être vais-je tout à l'heure recevoir le loyer de mon obéissance.

Et pour mieux gagner les bonnes grâces de mon juge, je me mis tout à coup à affecter les airs de la plus franche gaieté et à parler avec un complet détachement des sujets les plus variés. Après tout, cet être mystérieux, fût-il un démon ou un vampire, était certainement bibliophile ; son geste, son regard, son sourire étaient d'un connaisseur, et d'un connaisseur émérite. Il avait donc certainement une manie, un faible ; il ne s'agissait que de les trouver. J'essayai donc de l'éblouir en touchant le plus rapidement possible tous les points sensibles à l'épiderme d'un amateur. Le démon ne répondait guère, mais il m'écoutait. Et je vis avec une palpitation de joie défiler à notre gauche plusieurs cases inquiétantes, devant lesquelles il ne songea point à m'arrêter.

J'allais faire feu de toutes mes pièces en déroulant une théorie nouvelle de la bibliographie des incunables, lorsque le démon m'interrompit avec un rire atroce :

— Achète cela, me dit-il tout à coup, les dents serrées.

O douleur! c'était le *Serpent sous l'herbe,* par Arsène Houssaye.

— Mon Dieu! m'écriai-je en laissant tomber Capefigue et Léon Thiessé.

— Achète, reprit-il, c'est pour rien : cinquante centimes le volume, non coupé, avec hommage autographe de l'auteur. Tu n'auras pas tous les jours pareille fortune.

Le bouquiniste, visage inconnu, s'approcha de moi et me dit d'une voix mielleuse :

— Puisque monsieur fait collection des œuvres de M. Arsène Houssaye, j'ai là sous ma chaise les *Onze Maîtresses délaissées,* du même auteur, et *Suzanne,* et *Fanny,* et *la Belle au bois dormant.*

— Achète, me dit le démon; achète *la Belle au bois dormant*, et *Suzanne*, et *Fanny*, et *les Onze délaissées!*

J'étais éperdu : j'ignore où je trouvai la force de porter ces nouvelles acquisitions. Le démon m'y aidait avec une adresse malicieuse, glissant les volumes sous mes bras et dans mes poches. De ce qui restait, il fit un petit paquet qu'il suspendit par une ficelle au bouton de derrière de mon habit. Dès ce moment-là, je résolus de me soumettre sans surprise ni murmure.

VIII

LASCIATE OGNI SPERANZA

Tous les étalages du quai n'ont pas même fortune. Il en est de riches et de pauvres, de plantureux et de stériles. Il en est qui toujours resplendissent de volumes neufs ou en bon état, de jour en jour renouvelés, et d'autres qui, de mois en mois et d'année en année, étalent pour le chagrin des yeux les mêmes files de papier vermoulu, que le soleil dessèche et que le vent pulvérise.

Tel était celui que nous rencontrâmes après ces dernières emplettes; une jachère, une lande, que nuançaient çà et là de gris, de rose des exemplaires éparpillés de l'Annuaire du bureau des longitudes et de la collection des résumés historiques. Malgré ma fatigue et mon angoisse, j'eus un regard de compassion pour cette steppe désolée et pour le vieillard étique et souffreteux qui s'en était fait le gardien. Évidemment cette déplorable monotonie défiait l'œil perçant de mon tourmenteur; sa malice infernale devait expirer dans l'embarras du choix.

Hélas! un bond terrible, un cri de joie sauvage, m'apprirent que je m'étais trompé :

— Achète tout! me cria-t-il, d'une voix éclatante.

— Quoi? répondis-je en faiblissant.

— Tout, tout, achète tout!

Le compte fait, à vingt-cinq, à vingt et à dix centimes par volume, le contenu des cases montait au prix de soixante ou quatre-vingts francs.

— Mais je n'ai plus d'argent, murmurai-je.

— Donne ton adresse! Et empoignant l'une après l'autre toutes les boîtes d'un geste vigoureux, il les empila sur ma tête.

Quelle pouvait être ma figure en ce moment? grotesque, à coup sûr; lamentable, peut-être.

Le démon ne se tenait pas de joie : il gambadait allégrement au-devant de moi et s'arrêtait de pas en pas pour me regarder, en se frottant violemment les mains entre les genoux.

—Vous êtes fatigué? me dit-il, patience! à deux pas d'ici vous allez être débarrassé.

Enfin!

IX

DEUXIÈME CERCLE

Nous traversons le Pont-Neuf. Nous voici rue de la Monnaie. A la première maison de gauche, le démon m'entraîne et me pousse sur l'escalier. Deux étages, et nous entrons dans un salon. Ce salon, je le reconnais, c'est celui de L***, le célèbre relieur, mon ouvrier ordinaire.

A la vue de cette étrange cargaison, les yeux de L*** s'écarquillèrent. Le démon placé derrière moi me souffla ces paroles, que je répétai sans en avoir conscience, comme s'il eût positivement parlé par ma bouche :

— Voici une collection dont il faut me faire un *train* spécial, ce sont des livres... de très-bons livres... auxquels je tiens beaucoup... des raretés exquises que j'ai toujours recherchées... reliures pleines... doublées de tabis... des dorures, des compartiments, des fleurons, des dentelles... Faites travailler vos ouvriers nuit et jour... je paierai double s'il le faut... et sur livraison.

L***, un peu rassuré par ce dernier mot, voulut entrer dans quelques détails.

— Partons! me dit le démon en m'entraînant. Voilà qui est convenu. — N'allons pas manquer la vente.

— Quelle vente? hasardai-je de lui demander quand nous fûmes dans la rue.

— Eh quoi! l'avez-vous oublié? n'est-ce pas aujourd'hui le 10 avril, la septième vacation de la vente de M. X***, à la salle Silvestre?

— O Dieu! m'écriai-je, c'est pour cette vacation précisément que j'avais fait tant de croix sur mon catalogue! Et mon catalogue... je ne l'ai pas.

— Où l'as-tu laissé?

— Sur mon bureau.

Le démon rejeta en arrière son bras, qui s'allongea à perte de vue, et au bout d'une minute me rapporta mon catalogue ouvert à l'endroit marqué.

Nous n'avions pas cessé de marcher. En approchant de la salle Silvestre, je remarquai plusieurs ombres qui s'envolaient au pas de course, les bras légèrement arrondis.

— Pourvu, dis-je, que le numéro 786 n'ait pas déjà été vendu !

— Pressons le pas, me dit le démon.

X

TROISIEME CERCLE

La salle de vente présentait l'aspect accoutumé. Au bureau, un monsieur qui ressemblait à s'y méprendre à M. Delbergue-Cormont, commissaire priseur, brandissait le maillet officiel, ayant à sa gauche un personnage qu'on aurait pu prendre pour M. Potier, n'eût été sa redingote noisette, qui faisait infraction aux habitudes sévères de l'honorable expert.

L'assistance était nombreuse et choisie. Tous les mainteneurs de la librairie savante étaient là. Je les reconnus tous : Téchener, Delion, Bossange; Edwin-Tross, Caen, le bouquiniste fashionable du passage des Panoramas, Aubry, Porquet, Guillemot, France, Madame Hénaux, l'amazone des tournois bibliopolesques, Durand, l'heureux pourvoyeur de M. de Rothschild, Benj. Duprat, etc., etc., recueillis comme pour une occasion solennelle.

— Douze francs, disait le crieur, douze francs, met-on au-dessus?...

— Serait-ce?... Je me penchai vers mon voisin.

— Adjugé! dit le commissaire priseur, dont le coup de marteau m'alla au cœur.

Et aussitôt, l'expert annonça *le numéro* 786!

Grâce à Dieu, j'étais arrivé à temps !

Comme vous le pensez bien, je ne m'amusai point aux feux de file des enchères d'ouverture, je laissai peloter avant partie les indifférents, les oisifs et les avaricieux. En attendant l'instant de poser mes prétentions, je regardais courir de main en main le précieux petit volume. En ce moment, les douleurs, les fatigues, le cauchemar du quai étaient oubliés. Il n'y avait plus qu'un amant béat en présence de l'objet qu'il va posséder tout à l'heure.

— O charmant petit livre ! disais-je ; petite *Manon Lescaut*, si bien imprimée par Didot en 1797 ! Béni soit l'amateur qui t'a si bien conservée, lavée, encollée et habillée de maroquin puce; béni soit le relieur qui t'a reliée, le laveur qui t'a lavée, l'encolleur qui t'a encollée. — Quoi donc? me direz-vous, une *Manon Lescaut* imprimée il y a moins de cent ans, est-ce là une si grande curiosité? Soit; mais d'abord, connaissez-vous bien cette édition délicieuse? Songez ensuite que l'exemplaire était sur papier vélin et qu'il contenait une triple suite des figures, avec la lettre, avant la lettre et après morsure; et puis le maroquin puce! En somme, c'était là un bijou assez convenable à ajouter à une collection des romans français, et qui valait bien les deux louis que je voulais lui donner pour rançon. Le livre mis sur table à vingt francs, était redescendu à douze, puis remonté à quinze, à vingt, à vingt-cinq. Le moment était venu. Je me recueillis pour crier d'une voix claire : trente francs.

O prodige! par ma bouche restée ouverte d'étonnement, ma voix, ma propre voix, prononça distinctement : cinquante francs! ma langue avait-elle fourché? Était-ce bien moi qui avais parlé?

Mais presque aussitôt, à ma droite, le démon

auquel je ne prenais plus garde depuis un instant, répliqua : — Soixante francs !

— Quoi ! misérable, murmurai-je, vous couvrez mon enchère ?

Et voilà que sans effort de ma part, et même sans intention, ma voix, ma voix à moi, proféra d'un ton ferme :

— Soixante-dix !

Je fis un effort violent pour désavouer cette enchère fallacieuse ; mais en vain. J'étais frappé de mutisme et d'immobilité.

— Quatre-vingts francs, dit le démon en me regardant d'un air narquois.

Et désormais, sans interruption, les deux enchères continuèrent de se poursuivre, le démon parlant tantôt avec sa voix, tantôt avec la mienne.

— Quatre-vingt-dix !

— Cent !

— Cent cinquante !

— Deux cents !

— Deux cent cinquante !

— Trois cents !

En entendant ce prix exorbitant, les assistants les plus voisins de la table commencèrent à se passer le volume de main en main, espérant peut-être le trouver interfolié de billets de banque, comme était, dit-on, la fameuse Bible jadis léguée par le marquis de Chalabre à Mlle Mars.

Convaincus qu'il n'en était rien, et que ce malheureux livre n'était rien de mieux qu'un assez joli exemplaire d'une édition après tout médiocrement rare, ils se rassirent, et désormais assistèrent à cette lutte infernale dans l'épanouissement de curiosité de gens qui voient faire un bon tour de passe-passe, ou qui se régalent d'une farce jouée par un bon acteur.

Je voyais leurs yeux s'illuminer et leurs bouches reculer vers les oreilles à chaque nouvelle enchère poussée par l'habile ventriloque :

— A quatre cents !

— Quatre cent cinquante !

— Cinq cents !

— Six, sept, huit, neuf !

— Mille francs !

— Onze cent cinquante !

— Douze cents !

Ici le démon s'essuya le front en affectant les dehors de la plus violente agitation, et articula doucement de sa voix, qu'il rendit faible comme celle d'un malade :

— *Treize cent cinquante...*

Puis la mienne avec un éclat retentissant :

— Quinze cents francs !!!

— Quinze cents francs ! dit le commissaire priseur. On n'en veut plus à droite? — Il n'y a pas d'erreur? ajouta-t-il en me regardant d'un air gracieux : adjugé à monsieur pour quinze cents francs...

Le démon feignit de se laisser tomber sur une chaise qu'un de ses voisins lui céda aussitôt.

XI

VERTIGE

Le numéro suivant appelait un livre que je déteste, les *Contemporaines* de Restif de la Bretonne. L'exemplaire, de condition plus qu'ordinaire, fut mis sur table à quarante francs. Que m'importait! Troublé jusqu'au fond de l'âme, anéanti, j'espérais du moins être quitte de cette mystification absurde qui venait de m'endetter de trois mois au moins de mon revenu pour un caprice auquel je n'aurais pu raisonnablement sacrifier plus de cinquante francs. Je me flattais même que ce nouvel aliment, jeté en pâture à l'émulation de mes voisins, détournerait de moi l'attention cruelle et la curiosité insolente dont j'étais l'objet. Mais, contre mon espoir, je voyais les mêmes regards ironiques attachés sur moi. Le prix des *Contemporaines* de Restif montait, montait toujours. Je m'aperçus alors que depuis un moment il ne restait plus pour cet odieux article que deux enchérisseurs, l'enchérisseur double de l'article précédent. Le vampire ventriloque continuait son jeu cruel et acquérait pour moi, malgré moi, en ajoutant à cette ironie le poids de ses enchères, le livre objet de mon aversion.

A cette reprise d'extravagance, une joie immodérée s'empara de l'auditoire. Je voyais les têtes osciller et les ventres rebondir à faire éclater les vêtements. Le grave M. Jullien riait aux larmes; M. Guillemot pleurait dans son mouchoir; Aubry, l'ingrat! frappait à coups de poings sur la table; M. Cáen se balançait et sautait sur son siége en répétant des bons mots du café de Foy; seul, M. Téchener montrait sa belle âme en me regardant avec compassion.

Les *Contemporaines* de Restif me furent adjugées pour mille francs, aux éclats de rire et aux battements de mains de l'assistance. Et jusqu'à la fin de la vente, je vis affluer devant moi les livres les plus ridicules, chèrement payés, aux prix que je ne mettrais pas à mes plus fastueuses fantaisies. Lorsque la vacation fut déclarée close, la joie qui n'avait cessé de croître chez mes voisins tourna subitement à la folie. Je les vis tous se prendre les mains et former autour de moi une ronde grotesque, délirante, furieuse. Placé au milieu du cercle, à côté de moi, le démon, tournant sur lui-même comme un derviche, semblait, en agitant ses bras, régler la cadence et commander le mouvement. En ce moment la parole me revint :

— Par grâce, m'écriai-je, je n'en veux pas ! je n'en veux pas !

— Ils sont à toi, répondit le démon en s'arrêtant soudain, ils sont à toi, bien à toi !...

— Mais, balbutiai-je, sans compter l'argent dépensé tantôt sur les quais, sans compter le mémoire des commandes faites au relieur, me voici endetté de plus de trente mille francs : où les prendrai-je ?

— Tu les paieras, dit le démon. Eh bien ! Tu vendras ta bibliothèque ; ta petite, ta jolie, ta charmante bibliothèque ! — Soyez convoqués tous, ajouta-t-il en s'élançant sur la table et arrêtant la ronde d'un geste impérieux : soyez tous convoqués ; nous vendrons ici demain et jours suivants, jusqu'à ce que mort s'ensuive, la bibliothèque d'un homme de lettres, une bibliothèque précieuse et choisie ; une bibliothèque, Messieurs, amassée pendant vingt ans au prix des plus constantes recherches, des trésors, des singularités, des trouvailles...

— Mais, protestai-je, tandis que le discours se perdait dans les hurlements d'un public en délire, mais elle ne fera pas six mille francs !

— Monsieur, me dit gravement le commissaire, à qui ces derniers mots rendirent tout son sérieux, vous savez que nous répondons des deniers. Je ne vous quitte pas que vous n'ayez justifié des moyens de solder les acquisitions que vous venez de faire par mon ministère.

— Eh bien, quoi? répliqua brutalement le démon ; n'as-tu pas des amis, des parents, une famille ? Ils se cotiseront pour te racheter des mains des *Marocains!* — mais, ajouta-t-il, commençons par le plus sûr; sus! sus! à la bibliothèque !

Un hurrah sinistre lui répondit, et tous, et moi-même, entraîné par le démon, nous nous précipitâmes hors de la salle.

XII

LE FOND DE L'ABIME

La troupe traversa comme une nuée les quais et le pont des Arts, et s'abattit sur ma maison.

Alors commença un saccage, une dévastation à faire frissonner l'âme de tout collectionneur. Une partie des libraires, dirigée par le démon, pénétra dans mon cabinet, ouvrit violemment mes armoires et jeta par brassée mes livres au reste de la bande, demeuré dans la cour. Les livres tombaient comme pluie et s'écornaient sur les pavés, où les bandits, affolés comme une troupe d'écoliers, les ramassaient, les jetaient dans des paniers, et les empilaient en dansant dessus comme font les vendangeurs dans la cuve.

— Encore ! encore ! criait le démon ; et celui-ci, et celui-là, tous, tous, jusqu'au dernier !

— Et moi aussi ! m'écriai-je en m'élançant vers la fenêtre, mais le démon me retint.

Quand le dernier volume tomba sur le pavé de la cour, je m'évanouis. Par un reste de pitié, les bourreaux me déshabillèrent et me placèrent dans mon lit.

XIII

RÉSURRECTION

En rouvrant les yeux, j'aperçus près de moi Conrad G., un de mes meilleurs amis.

— Oh! lui dis-je, vous êtes bon, vous! mais vous arrivez trop tard,... ils m'ont tout pris!

— Trop tard ou trop tôt? répondit Conrad, qui se mit à entamer le récit de ses succès auprès d'une demoiselle Rodolfa, dont je n'avais jamais entendu parler.

— Trop tard, repris-je.

— Je vous dis qu'elle est charmante ; et je veux vous faire déjeuner avec elle aux Champs-Élysées : la voiture est en bas.

— Quoi ! ne saviez-vous pas? Et je commençai à lui raconter mon aventure. Mais lui se remit de plus belle à me parler de sa nouvelle connaissance. Et la conversation continua ainsi quelque temps parallèlement, moi parlant livres, ruine, etc., et Conrad parlant Rodolfa, sans plus songer à mêler nos eaux que si nous eussions été lui la Loire et moi la Vistule.

A la fin Conrad, frappé de mes affirmations, me pria d'être précis.

J'entrepris alors de lui faire un peu moins longuement que je ne viens de l'écrire pour vous le récit de mes infortunes.

Avant que j'eusse fini, Conrad me prit le bras :

— Vous avez la fièvre, me dit-il. Et tenez, il a venté et plu toute la nuit, et vous avez dormi la fenêtre ouverte.

Je restai comme hébété en apercevant sous les rideaux la fenêtre entre-bâillée.

L'eau avait ruisselé sur le tapis; et les livres, et les papiers, et le catalogue de la vente X... avaient volé jusqu'au pied de mon lit.

— Mais alors... dis-je en sautant sur mes pieds.

D'un élan je fus devant la bibliothèque, je l'ouvris d'un geste fou... tout y était en ordre!

Je m'habillai prestement et je montai en voiture avec Conrad. J'ai dejeuné avec lui et Mlle Rodolfa. C'est une personne fort comme il faut.

FIN.

TABLE

I

Le Cas de conscience 5

II

Le Péché 9

III

La Damnation 15

IV

Agonie 21

V

Le Vengeur céleste. 23

VI

Descensus averni. 29

VII

Premier Cercle 35

VIII

Lasciate ogni speranza. 39

IX

Deuxième Cercle. 43

X

Troisième Cercle. 47

XI

Vertige 55

XII

Le fond de l'abîme 61

XIII

Résurrection. 63

Paris. — Imprimerie de J. Claye, 7 rue Saint-Benoit.

LIBRAIRIE JULES TARDIEU.

BIBLIOGRAPHIE

Annales de l'imprimerie des Alde, ou Histoire des trois Manuce et de leurs éditions, par A.-A. Renouard. 3ᵉ édition, ornée de portraits et fac-similé ; l'édition est presque épuisée. 1 fort vol. in-8° à deux colonnes.　　　　　　　　15 fr.

—In-4°, papier vélin, tiré à très-petit nombre. 30 fr.

Annales de l'imprimerie des Estienne, ou Histoire de la famille des Estienne et de ses éditions, par A.-A. Renouard. 2ᵉ édition. 1 beau vol. in-8° à deux colonnes, avec tableau généalogique.　　　　　　　　13 fr.

—In-4°, papier vélin, tiré à très-petit nombre. 30 fr.

Catalogue de la bibliothèque d'un amateur par A.-A. Renouard. 4 vol. in-8°.　　20 fr.

Nota. Ces trois précieux ouvrages d'Antoine-Augustin Renouard, bibliophile aussi érudit que collectionneur passionné, ont été cités comme des modèles de la science bibliographique et sont dignes de fixer l'attention des amateurs et de tous ceux qui s'intéressent à l'histoire de l'imprimerie et à la connaissance des livres. Ces belles éditions, imprimées avec un soin tout particulier sous les yeux de l'auteur, seront bientôt entièrement épuisées, et il serait impossible de les reproduire dans de telles conditions de perfection et de bon marché.

Manuel du Bibliographe normand, ou Dictionnaire historique et biographique, contenant 1° l'indication des ouvrages relatifs à la Normandie ; 2° des notes biographiques sur les hommes qui appartiennent à la Normandie ; 3° des recherches sur l'histoire de l'imprimerie en Normandie, par E. Frère. Rouen 1860. 2 forts volumes grand in-8°, à 2 col., sur papier collé, et sur le modèle du *Manuel du Libraire* de Brunet.　　36 fr.

www.ingramcontent.com/pod-product-compliance
Lightning Source LLC
LaVergne TN
LVHW051508090426
835512LV00010B/2414